Hinrich C. G. Westphal:

geboren 1944, war 26 Jahre Öffentlichkeitspastor der Nord-
elbischen Kirche in Hamburg. Er ist Autor zahlreicher
Bücher und Fernsehfilme und Kolumnist in BILD und
im Hamburger Abendblatt. 1968 gründete er mit
Helmut Thielicke die »Projektgruppe Glaubensinformation«,
1983 rief er die Fastenaktion »Sieben Wochen ohne« ins
Leben. Vor sieben Jahren gründete er die Aktion
»Der Andere Advent« und ihren Verein »Andere Zeiten«,
den er heute hauptamtlich leitet.

Sieben Wochen

EIN FASTENBEGLEITER

anders leben

Herausgegeben von
Andere Zeiten e.V. /
Hinrich C.G. Westphal

Gütersloher Verlagshaus

Originalausgabe

Bibliografische Information Der Deutschen Bibliothek
Die Deutsche Bibliothek verzeichnet diese Publikation in der
Deutschen Nationalbibliografie; detaillierte bibliografische Daten sind
im Internet über http://dnb.ddb.de abrufbar.

ISBN 3-579-01171-5
2. Auflage, 2004
© Gütersloher Verlagshaus GmbH, Gütersloh 2003

Umschlaggestaltung: Init, Bielefeld
Umschlagfoto: Fotoarchiv Kiefel
Satz: Katja Rediske, Landesbergen
Druck und Bindung: Clausen & Bosse, Leck

Printed in Germany

www.gtvh.de

INHALT

Vorwort   7

1. WOCHE
Loslassen, Anfangen   9

2. WOCHE
Den Alltag unterbrechen   23

3. WOCHE
Freiheit suchen   35

4. WOCHE
Sich verändern   47

5. WOCHE
Bewusst leben   57

6. WOCHE
Sich einmischen   69

7. WOCHE
Hoffen, glauben   81

Zum Ausklang   94

Quellenverzeichnis   95

VORWORT

Liebe Leserin, lieber Leser,

als wir Anfang 1983 in Hamburg die Fastenaktion »Sieben Wochen ohne« ins Leben riefen, ging es den Beteiligten aus Journalismus und Theologie in dreifacher Hinsicht um Freiheit:

Erstens wollten wir Freiheit gewinnen von allerlei Genüssen und Gewohnheiten, von denen wir uns manchmal regelrecht abhängig fühlten. Darum erklärten wir unseren Verzicht auf Alkohol, Süßigkeiten, Rauchwaren, Fleisch, oder auch auf zuviel Fernsehen, Autofahren, Stress oder Zeitvergeudung. Die Erfahrung von 46 Tagen ohne solche oder ähnliche Gewohnheiten lehrte uns: Diese Zeit kann soviel Kraft und Ausdauer kosten, dass nicht jeder diesen Vorsatz durchhalten kann. Dann war und ist es gut, mit seinem Nein nicht allein zu stehen, sondern sich in einer Gemeinschaft von Mitfastenden zu wissen, die einen auffängt und bestärkt.

Zweitens ging es den Beteiligten nicht nur um die Befreiung von mancherlei Lastern, sondern auch um Freiheit für neue Erkenntnisse und Gewohnheiten: »Wenn unser Kopf weniger berauscht oder umnebelt ist, wenn wir weniger Zeit sinnlos verschwenden, dann wirkt sich diese neue Klarheit auf unsere ganze Lebensgestaltung positiv aus. Wir finden Lust und Kraft für gesunde und sinnvolle Alternativen, fühlen uns besser und gewinnen an Lebensqualität.«

Drittens wollten sich die Fastenden auch ansprechen lassen auf den Sinn des Lebens und auf Fragen des Glaubens. Nicht ohne Grund knüpfen ihre Übungen zwischen Aschermittwoch und Ostern an die alte christliche Tradition an, sich äußerlich und innerlich vorzubereiten auf die österliche Begegnung mit Gott. Anders gesagt: »Wer bis zum Hals im Schlagrahm sitzt, wird Jesu Passion und die vielen Kreuze dieser Welt kaum angemessen bedenken können. Wer sich aber von schädlichem Überfluss freimachen kann, der bekommt auch einen solidarischeren Blick auf die, die am Mangel leiden oder gar sterben.«

Inzwischen ist »Sieben Wochen ohne«, das heute vom Gemeinschaftswerk evangelischer Publizistik (gep) begleitet wird, die zweitbekannteste evangelische Aktion nach »Brot für die Welt«. Millionen Menschen, die nicht offiziell an dieser oder einer der anderen Fastenaktionen teilnehmen, suchen in der Passionszeit einen individuellen Fastenweg, denn die Sehnsucht nach Veränderung ihres Lebens kennen sie auch. Auch für sie haben wir die Texte aus Fastenkalendern, Erfahrungsberichten und Begleitbriefen zusammengestellt, die wir ihnen auf den folgenden Seiten weitergeben. Sie sollen begleiten und stärken auf Ihrem persönlichen Weg zum Osterfest.
Entdecken und nutzen Sie neue Chancen der Lebensveränderung.

Hinrich C. G. Westphal

1. WOCHE

Am Aschermittwoch ist alles vorbei?
Für diejenigen von Ihnen, die in den sechseinhalb Wochen
LOSLASSEN, ANFANGEN bis Ostern auf etwas verzichten,
fängt alles erst an. Indem Sie eine freiwilli-
ge Selbstverpflichtung eingegangen sind,
haben Sie gemeinsam mit anderen einen
Weg eingeschlagen, der voll körperlicher
Erfahrungen und seelischer Entdeckungen
sein kann. So können die 46 Tage zwischen
Aschermittwoch und Ostern spannende Perspektiven für Leben und Glauben eröffnen.

Neu anfangen

Alte Gewohnheiten ablegen

Neues versuchen

Alte Vorurteile abbauen

Neue Kontakte knüpfen

Alten Streit vergessen

Frieden leben

Fastenzeit, Zeit zum Lebenlernen!

Nicht die Zeit verordneter Lebensentsagungen,
  sondern Gelegenheit, durch Verzicht sein Leben zu
  ordnen.
Nicht die Zeit verkrampfter Buße,
  sondern Gelegenheit, durch Umkehr sein Leben zu
  entkrampfen.
Nicht die Zeit verlogener Opfer,
  sondern Gelegenheit, durch Opfer seine Lebenslügen
  abzulegen.
Nicht die Zeit vertaner Anstrengung,
  sondern Gelegenheit, durch Anstrengung seine Lebens-
  ideale in die Tat umzusetzen.
Nicht die Zeit liebloser Zucht und Mäßigung,
  sondern Gelegenheit, durch Zeit und Maß die Liebe
  zu leben.
Nicht die Zeit ängstlicher Leidens- und Todesgedanken,
  sondern Gelegenheit, durch Bejahung seiner Grenzen
  das Leben zu gewinnen.
Nicht die Zeit, die am Karfreitag endet,
  sondern die Gelegenheit, Auferstehung nach jedem
  Ende zu sehen.
Fastenzeit – Zeit, die Maßstäbe zum Menschsein findet.

Frei werden

Davon möchte ich in der Zeit bis Ostern frei werden:

- Süßigkeiten
- Alkohol
- Fernsehen
- Ungeduld
- Zigaretten
- Unzufriedenheit
- Fleisch
- Intoleranz
- unnötige Tabletten
- Auto
- schlechtes Reden über andere
- selbst verursachte Hektik
- gedankenloses Konsumieren
- Unfreundlichkeit
- ...

Leben finden

Das erhoffe ich mir:

- mein Gewicht zu reduzieren
- öfter ein Buch zu lesen
- großzügiger zu sein
- zufriedener zu werden
- Wichtiges von Unwichtigem unterscheiden zu können
- besser auszusehen
- spazieren zu gehen
- besser gelaunt zu sein
- ...

Hoffnung geben

Das könnte sich positiv verändern in meinen Beziehungen:

- mehr Zeit/Geduld für meine Familie
- Freundschaften pflegen
- aufmerksamer sein gegenüber dem Nächsten
- mehr Verständnis für Andersdenkende
- mich für benachteiligte Menschen einsetzen
- Gott dankbar sein,
- mehr auf ihn hören
- ...

Wach sein

Aus Briefen von Fastenden

Wie herrlich sind die Düfte des Frühlings, wenn man sie nicht mehr verstänkern braucht! Und wie herrlich ist es, vor einem Tabakladen zu stehen und wie ein Philosoph zu sagen: Was gibt es doch für viele herrliche Dinge, die ich alle nicht benötige ...

In den sieben Wochen werden wir auf unserer Station – ich bin Krankenschwester – viele Geburtstage haben. Ohne Kuchen oder Dessert fühle ich mich ein wenig solidarisch mit unseren Diabetikern, die eigentlich immer abseits stehen. Was sind da sieben Wochen? Wie vereinbaren wir unseren Überfluss mit unserm Gewissen gegenüber dem ganzen Elend auf der Welt? Wachsein und andere wachrütteln müssen wir.

Die Rose

Gemeinsam mit einer jungen Französin kam Rainer Maria Rilke öfter an einer stumm dasitzenden Bettlerin vorbei. Während er ihr nie etwas gab, schenkte seine Begleiterin regelmäßig ein Geldstück. Darauf angesprochen, antwortet Rilke seiner Bekannten: »Wir müssten ihrem Herzen schenken, nicht ihrer Hand.«

Wenige Tage später brachte Rilke eine eben aufgeblühte Rose mit, legte sie in die offene, ausgezehrte Hand der Bettlerin und wollte weitergehen. Da geschah etwas Unerwartetes: Die Bettlerin erhob sich mühsam von der Erde, tastete nach der Hand des fremden Mannes, küsste sie und ging mit der Rose davon. Eine Woche lang war die Alte verschwunden. Nach acht Tagen saß sie plötzlich wieder wie früher am gewohnten Platz. Sie war stumm wie damals.

»Aber wovon hat sie denn all die Tage, da sie nichts erhielt, nur gelebt?«, fragte die Französin. Rilke antwortete: »Von der Rose ...«

Zugeschüttet

Aus Briefen von Fastenden

Eigentlich sah ich den kommenden Wochen entspannt entgegen: Sieben Wochen ohne Alkohol hatte ich mir vorgenommen. Das Glas Wein oder Bier, das ich gelegentlich trinke, so dachte ich, würde mir nicht schwer fallen. Doch nun spüre ich, dass ich mich wohl geirrt habe: Ich habe nicht mehr wahrgenommen, wie aus dem gelegentlichen Glas, ein tägliches wurde, das ich jetzt schmerzlich vermisse. Die kommende Zeit wird mir wohl mehr Mühe machen als angenommen ...

Zwar stehen Alkohol, Zigaretten und Süßigkeiten im Mittelpunkt der Süchte, gerne rege ich aber auch die Verstärkung des Akzentes Auto an ... Im Gegensatz zu obigen Schwächen beeinträchtigt die individuelle »Freiheit Auto« die Freiheit der anderen im hohen Maße.

Eigentlich sind sieben Wochen im Jahr fast zu wenig, um zu erinnern, wie sehr wir konsumieren und mit dem Konsumieren unbewusste und bekannte Sehnsüchte zuschütten. Ich wünsche mir und anderen, einen langen hellen Tag mit offenen Augen zu erleben ...

Heute

Heute,

wenn die Stürme der Betriebsamkeit
für Sekunden Atem holen,

wenn der Regen der Gleichgültigkeit
einen Augenblick lang versiegt,

wenn das Grau der Gewöhnung
vor einer Idee verblasst,

wenn die Wolken der Resignation
für einen Lichtstrahl aufreißen,

dann ist es Zeit, sich aufzumachen,
aus dem engen Haus der Abhängigkeit,

das Licht des Himmels im Rücken –
dem Leben entgegen.

Höchste Zeit!

Hinrich C. G. Westphal

Der Engelladen

Ein junger Mann hatte einen Traum:
Er betrat einen Laden. Hinter der Ladentheke sah er ei-
nen Engel. Hastig fragte er ihn: »Was verkaufen Sie,
mein Herr?« Der Engel gab ihm freundlich Antwort: »Al-
les, was sie wollen.« Der junge Mann sagte: »Dann hätte
ich gerne:

- *Das Ende der Kriege in aller Welt,*
- *immer mehr Bereitschaft, um miteinander*
  zu reden,
- *Beseitigung der Elendsviertel in*
  Lateinamerika,
- *Ausbildungsplätze für Jugendliche,*
- *mehr Zeit der Eltern, um mit ihren Kindern*
  zu spielen,
- *und, und, ...«*

Da fiel ihm der Engel ins Wort und sagte: »Entschuldi-
gen Sie, junger Mann, Sie haben mich verkehrt verstan-
den. Wir verkaufen keine Früchte hier, wir verkaufen
nur den Samen.«

Raoul Follerau

Wunsch und Wirklichkeit

Die Fastenzeit kann eine gute Gelegenheit sein, einmal darüber nachzudenken, wie wir mit unserer Zeit umgehen. Wie viel sind mir zum Beispiel Familie, Beruf, Freizeit wert, und wie viel Zeit habe ich wirklich dafür? Dieser Test stellt unsere grundsätzliche Wertschätzung dem tatsächlichen Zeitaufwand gegenüber.

Weichen manche Werte sehr voneinander ab? Dort können wir vielleicht ansetzen: Wie kann ich die frei verfügbare Zeit anders einteilen, damit ich mehr Zeit habe für das, was mir am wichtigsten ist?

Was ist mir wie viel wert?		*Wieviel Zeit nehme ich mir/habe ich dafür?*
1 = am meisten wert bis z.B. 8 = am wenigsten wert		1 = am meisten Zeit bis z.B. 8 = am wenigsten Zeit
○ Familie	1	_____
○ Freunde	2	_____
○ Beruf	3	_____
○ Hobby	4	_____
○ Kunst	5	_____
○ Religion	6	_____
○ soziale Betätigung	7	_____
○ freie Zeit für mich	8	_____

Von der Fülle des Lebens

Wir sind leer und gleichzeitig angefüllt mit überflüssigen Waren und Gütern. Es besteht eine seltsame Beziehung zwischen den vielen Dingen, die wir besitzen und konsumieren, und der Leere unseres Daseins. Überflüssige Dinge machen das Leben überflüssig.

Ärmer werden und mit immer weniger Gewalt auskommen, das ist die Umkehr zur Fülle des Lebens. Der Reichtum des Menschen liegt in seinen Beziehungen zu anderen, in seinem Dasein für andere. Die Fülle des Lebens wird nicht weniger, wenn wir sie miteinander teilen, sondern vermehrt.

Dorothee Sölle

Heute. Jetzt.

Könnte ich noch einmal beginnen,
würde ich mehr Fehler wagen,
geträumte Wege wirklich gehen.
Ich würde freier und gelöster sein,
nur wenige Dinge ernst nehmen.
Ich würde mehr Vertrauen haben
in mich. In dich.
Würde viel reisen und lange
Spaziergänge am Meer machen,
innehalten und mit Kinderaugen
um mich schauen.
In sonnigen Stunden im
Kaffeegarten sitzen.
Die wohlige Geborgenheit genießen,
wenn an dunklen Abenden
der Wind ums Haus tost.
Ich würde allem Geschehen gelassener entgegensehen,
meine Zeit nicht auf Jahre verplanen.
Ich würde mir sagen, ja, ich sage es:
Ich kann noch einmal beginnen.
Heute. Jetzt.

Greifen und festhalten kann ich

seit der Geburt.

Teilen und schenken musste ich lernen.

Jetzt übe ich das Lassen.

2. WOCHE

Andere Lebensgewohnheiten verändern eingeschliffene Abläufe und gestalten den Rhythmus unseres Alltags neu. In solchen Situationen wird unsere Zeit merklich verzögert, in anderen auf wundersame Weise vermehrt. Wenn wir uns die Muße nehmen, das Leben wieder leise zu lernen, treten wir in einen inneren Dialog über den Sinn des Lebens ein. Dabei können wir erkennen, dass nicht alles von unserer täglichen Hast und unserer Leistung abhängt, sondern dass ein anderer die Weichen unseres Lebens stellt. Wer ihm vertraut, darf manche Sorgen getrost loslassen.

DEN ALLTAG UNTERBRECHEN

Kreislaufbeschwerden

Manchmal

Stolpert mein Herz

Schweiß tritt mir

Dann auf die Stirn.

Dann behaupte ich,

mein Kreislauf macht nicht mehr mit.

Wenn ich jedoch

Meinen Kreislauf unterbreche

Hüpft mein Herz

Als sei es gesund.

Harald Utecht

Die drei Söhne

Drei Frauen wollen Wasser holen am Brunnen. Nicht weit draußen saß ein alter Mann auf einer Bank und hörte zu, wie die Frauen ihre Söhne lobten.

»Mein Sohn«, sagt die erste, »ist so geschickt, dass er alle hinter sich lässt.« »Mein Sohn«, sagt die zweite, »singt so schön wie die Nachtigall! Es gibt keinen, der eine so schöne Stimme hat wie er.« »Und warum lobst du deinen Sohn nicht?«, fragten sie die dritte, als sie schwieg. »Er hat nichts, was ich loben könnte«, entgegnete sie. »Mein Sohn ist nur ein gewöhnlicher Knabe, er hat nichts Besonderes an sich und in sich.«

Die Frauen füllten ihre Eimer und gingen heim. Der alte Mann ging langsam hinter ihnen her. Die Eimer waren schwer und die abgearbeiteten Hände schwach. Deshalb machten die Frauen eine Ruhepause, denn der Rücken tat ihnen weh. Da kamen ihnen drei Jungen entgegen. Der erste stellte sich auf die Hände und schlug Rad um Rad. Die Frauen riefen: »Welch ein geschickter Junge!« Der zweite sang so herrlich wie die Nachtigall, und die Frauen lauschten andachtsvoll und mit Tränen in den Augen. Der dritte lief zu seiner Mutter, hob die Eimer auf und trug sie heim.

Da fragten die Frauen den alten Mann: »Was sagst du zu unseren Söhnen?« »Wo sind euere Söhne?«, fragte der alte Mann verwundert, »ich sehe nur einen einzigen Sohn!«

Leo N. Tolstoi

Ein jegliches hat seine Zeit, und alles Vorhaben unter
dem Himmel hat seine Stunde:

> geboren werden hat seine Zeit,
> sterben hat seine Zeit;

> pflanzen hat seine Zeit,
> ausreißen, was gepflanzt ist, hat seine Zeit;

töten hat seine Zeit,
heilen hat seine Zeit;

> abbrechen hat seine Zeit,
> bauen hat seine Zeit;

> weinen hat seine Zeit,
> lachen hat seine Zeit;

> klagen hat seine Zeit,
> tanzen hat seine Zeit;

> Steine wegwerfen hat seine Zeit,
> Steine sammeln hat seine Zeit;

herzen hat seine Zeit,
aufhören zu herzen hat seine Zeit;

> suchen hat seine Zeit,
> verlieren hat seine Zeit;

> behalten hat seine Zeit,
> wegwerfen hat seine Zeit;

zerreißen hat seine Zeit,
zunähen hat seine Zeit;

> schweigen hat seine Zeit,
> reden hat seine Zeit;

> lieben hat seine Zeit,
> hassen hat seine Zeit;

> Streit hat seine Zeit,
> Friede hat seine Zeit.

Die Bibel, Prediger 3, 1-9

»SLOBBIES« UND DIE NEUE ZEITRECHNUNG

Seit 1990 gibt es in Klagenfurt den »Verein zur Verzöge-
rung der Zeit«. Ihre Mitglieder nennen sich »Slobbies« und
sind langsame, aber besser arbeitende Menschen. Nach
den Vereinsstatuten heißt ihre Devise: Langsamer, dafür
besser zum Ziel. Slobbies quälen sich nicht mehr im Auto
von Ampel zu Ampel, sondern spazieren oder radeln
durch die Stadt. Sie jetten nicht länger in vollgestopften
Flugzeugen in den Urlaub, sondern ziehen sich ein paar
Wochen ins Landhaus zurück.

Angesagt in der neuen Zeit sind Moral statt Moneten und
Kinder statt Karriere. Die Druckgrenze ist für Slobbies erreicht. »Wir befinden uns in einer Beschleunigungsspirale,
in der wir als einzelne völlig ohnmächtig sind. Deshalb
wollen wir gemeinsam ein neues Zeitbewusstsein errei-
chen«, so ihre Philosophie. Sie sind davon überzeugt, dass
die fortschreitende Beschleunigung nahezu alle Lebens-
bereiche erfasst hat.

Trotz kürzerer Arbeitszeit hätten die Menschen immer
weniger Zeit für das, was sie wollen. »In der Wirtschaft
gewinne bislang, wer in immer kürzeren Abständen neue
Produkte auf den Markt bringe.« Politiker dächten nur
noch im Zeitraum einer Wahlperiode, welches zu Geset-
zen führe, die flüchtig gepfuscht und sofort das Novellie-
rungskartell in Gang setze.

Die neuen Zeit-Verzögerer dagegen fordern auf zum Innehalten und Nachdenken für die Welt dort, wo blinder Akti-
onismus nur Scheinlösungen produziert. Einer ihrer Kern-
sätze lautet: »Zur Lösung unserer globalen Probleme
braucht man in erster Linie Zeit«.

Conny von Schumann

GEWISSENSERFORSCHUNG

Habe ich ohne wichtigen Grund
eine Sitzung besucht?

Habe ich ohne wichtigen Grund
zu einer Sitzung eingeladen?

Habe ich ohne wichtigen Grund
durch eine Wortmeldung
eine Sitzung verlängert
und somit mich und andere von
der Familie ferngehalten?

Lieber Gott, hilf mir,
mein großes Maul zu halten,
bis ich weiß,
worüber ich rede.

Kardinal Franz Hengsbach (†)

Stille nehmen

Das Zuviel-Fernsehen ist für manchen von uns ein Problem, weil der Halbkreis vor der »Glotze« den Familien- und Freundeskreis zu oft ersetzt. Zu leicht verfallen wir der elektronischen Verplanung und der ständigen betäubenden Berieselung unserer Freizeit. Oft hilft uns der Druck auf den Einschaltknopf auf der Flucht vor unseren eigenen Fragen, vor uns selbst. Der französische Philosoph Pascal sagte einmal: »Das ist der Jammer unseres Jahrhunderts, dass kein Mensch mehr allein mit sich in seinem Zimmer bleiben kann.« Wieviel eher gilt das heute.

Ich denke auch, dass die Französin Madeleine Delbrel Recht hat, wenn sie sagt: »Die Stille fehlt uns nicht, denn wir haben sie. An dem Tag, an dem sie uns fehlt, haben wir nicht verstanden, sie uns zu nehmen. Aller Lärm, der uns umgibt, macht viel weniger Getöse als wir selbst. Der wahre Lärm ist das Echo, das die Dinge um uns haben.«

Darum sollten wir das Leben wieder leise lernen. Wir sollten das übliche Gesetz der hektischen Betriebsamkeit vertauschen mit einer Zeit des Nachdenkens, die erst einmal erschwiegen werden muss. Jeder Spaziergang, jeder Blick in eine Kerze, jedes nachdenkliche Gespräch kann Herausforderung sein, einen inneren Dialog über den Sinn unseres Lebens zu beginnen.

Die wunderbare Zeitvermehrung

Und er sah eine große Menge Volkes,

die Menschen taten ihm Leid,

und er redete zu ihnen von der unwiderstehlichen

Liebe Gottes.

Als es dann Abend wurde, sagten seine Jünger:

Herr, schicke diese Leute fort,

es ist schon spät, sie haben keine Zeit.

Gebt ihnen doch davon, so sagte er,

gebt ihnen doch von eurer Zeit!

Wir haben selber keine, fanden sie,

und was wir haben, dieses Wenige,

wie soll das reichen für so viele?

Doch war da einer unter ihnen, der hatte wohl

noch fünf Termine frei,

mehr nicht, zur Not, dazu zwei Viertelstunden.

Und Jesus nahm, mit einem Lächeln,

die fünf Termine, die sie hatten,

die beiden Viertelstunden in die Hand.

Er blickte auf zum Himmel,

sprach das Dankgebet und Lob,

dann ließ er austeilen die kostbare Zeit

durch seine Jünger an die vielen Menschen.

Und siehe da:

Es reichte nun das Wenige für alle.

Am Ende füllten sie sogar zwölf Tage

voll mit dem,

was übrig war an Zeit, das war nicht wenig.

Es wird berichtet, dass sie staunten.

Denn möglich ist, das sahen sie,

Unmögliches bei ihm.

Lothar Zenetti

MEHR IS(S)T WENIGER

Wer kennt nicht die alte Geschichte, die erzählt, wie ein Hund am Ufer eines reißenden Baches entlangläuft? In seinem Maul trägt er ein großes Stück Fleisch; doch plötzlich sieht er seinen Schatten. Sofort beginnt er zu knurren, weil er meint, einen Nebenbuhler entdeckt zu haben. Als er argwöhnisch sein Schattenbild beobachtet, glaubt er, jener habe ein größeres Stück Fleisch im Maul als er. Gierig schnappt er danach. Sein eigenes Stück fällt ins Wasser, und so hat er nichts mehr.

Wer kennt nicht diesen »Hundeblick«? Dieses Gefühl, der oder die andere hätte das vermeintlich bessere Stück vom Leben erwischt?

Resultiert nicht oftmals die Unzufriedenheit daraus, dass nicht die Umstände selbst, sondern der Vergleich einen schlecht dastehen lässt? Man sieht nicht das, was man hat und wer man ist, sondern beäugt neidisch und gierig das, was die anderen zu haben und zu sein scheinen.

Fastenzeit ist der Versuch einer Augenkorrektur. Sie will die Angst vor dem »Zu-kurz-Kommen« abbauen – und die Gier nach dem »Immer mehr« reduzieren. Dies ist auch noch in anderer Weise wichtig. Gier und Geiz, so verrät uns die Sprache, haben dieselbe Wortwurzel. Im Wort »Ehrgeiz« hat sich die alte Bedeutung bis heute bewahrt. Wer gierig ist, wird geizig. Beides sind Gitterstäbe, mit denen sich das Ich einkerkert. Die Fastenzeit schenkt uns den Schlüssel, dieses Gefängnis aufzuschließen.

Klaus Hurtz

2. WOCHE

NICHTS DAGEGEN

Sich regen bringt Segen, es spricht aber auch
nichts dagegen, sich auf die faule Haut zu legen.

Es gibt einen jüdischen Witz:

»Sie haben eine Karte für den Bummelzug, und
Sie sitzen im Express. Sie müssen nachzahlen«,
fordert ein Schaffner den Fahrgast auf.
»Nein. Wozu?«, entgegnet dieser, »Fahren
Sie langsamer, ich habe Zeit.«

Fabel

Ein Vogel lag auf dem Rücken und streckte seine Beine starr gegen den Himmel. Als ein anderer Vogel diese ungewöhnliche Position beobachtete, flog er herbei und fragte: »Warum liegst du so merkwürdig auf dem Rücken und streckst die Beine nach oben?«
»Weißt du«, erwiderte der andere, »ich trage den Himmel mit meinen Beinen. Wenn ich die Beine anzöge und losließe, würde das ganze Himmelgewölbe einstürzen!«
Kaum hatte er das gesagt, fiel ein Blatt von dem nebenstehenden Baum und raschelte dicht neben ihm nieder. Das versetzte dem Vogel einen solchen Schreck, dass er seine gewichtige kosmische Stellung jäh vergaß und in Panik davonflog. Aber der Himmel wölbte sich weiter über der Erde ...

Legende

3.WOCHE

Mancher kann nicht aufhören, wenn er den ersten Riegel Schokolade verspeist hat. Eine andere lässt die Schokolade locker liegen,

FREIHEIT SUCHEN

aber schafft es nicht, die Abende anders als vor dem Fernseher zu verbringen. Was den einen gefangen nimmt, ist für die andere Genuss. Und umgekehrt. Beim Fasten geht es nicht darum, sich selbst zu quälen. Sondern auszuloten, was einen gefangen nimmt, wovon man sich beherrscht fühlt. Gucken Sie hinter Ihre kleinen oder großen Süchte und entdecken Sie Ihre Sehnsüchte wieder. Dann kann aus einer Freiheit *von* einengenden Gewohnheiten eine Freiheit *zu* etwas wirklich Befriedigendem werden. Und: Freiheit heißt auch, dass Sie nach jedem Scheitern wieder neu anfangen können.

Geheimnis

Ziehst du aus, die Freiheit zu suchen,
so lerne vor allem Zucht der Sinne
und deiner Seele,
daß die Begierden und deine Glieder
dich nicht bald hierhin,
bald dorthin führen.
Keusch sei dein Geist,
dein Leib gänzlich dir selbst unterworfen
und gehorsam, das Ziel zu suchen,
das ihm gesetzt ist.
Niemand erfährt das Geheimnis der Freiheit,
es sei denn durch Zucht.

Dietrich Bonhoeffer

Wie man in den Wald hineinruft ...

Es saß einmal ein alter Mann draußen vor der Stadt.
Ein Fremder trat auf ihn zu.
»Wie sind die Menschen hier in der Stadt?«,
fragte der Fremde.
»Wie waren sie denn dort, wo Ihr zuletzt gewesen
seid?«, entgegnete der Alte.
»Wunderbar. Ich habe mich dort sehr wohl gefühlt.
Sie waren freundlich, großzügig und stets hilfsbereit.«
»So etwa werden sie auch hier sein.«
Ein anderer Fremder kam zu dem Alten.
»Wie sind die Menschen hier in der Stadt?«, fragte er.
»Wie waren sie denn dort, wo Ihr zuletzt gewesen seid?«,
lautete die Gegenfrage. »Schrecklich. Sie waren gemein,
unfreundlich, keiner half dem anderen.« »So, fürchte ich,
werden sie auch hier sein.«

SIE SIND RÜCKFÄLLIG GEWORDEN?

Allen guten Vorsätzen zum Trotz?
Wie konnte es dazu kommen?
Vielleicht haben Sie die Hartnäckigkeit Ihrer
Gewohnheiten unterschätzt.
Oder sind Sie dem Drängen Ihrer Umwelt erlegen?
Es kann für die Zukunft hilfreich sein,
den Ursachen Ihres Rückfalls nachzugehen.
Falsch wäre es aber, jetzt zu resignieren.
Ein Rückfall kann kein Grund sein, Ihre einmal für
richtig befundenen Vorsätze fahren zu lassen.
Er sollte auch kein Alibi sein, in die alten Gewohn-
heiten zurückzufallen.
Christen dürfen immer neu beginnen, und ein über-
wundener Rückfall kann doppelt stark machen.
Sie wären nicht die oder der erste, die beim ersten
Anlauf stolpern, beim zweiten oder dritten Versuch
aber besonders beglückende Erfolgserlebnisse
haben.
Also: Auf ein Neues!
Bis Ostern kann noch vieles gelingen –
und natürlich auch im nächsten Jahr.

Für den Menschen

... Heute hörte ich von einem Teilnehmer, der sich sehr sicher war (vielleicht war das sein Fehler?), das Rauchen in den Griff zu kriegen, dann aber voll rückfällig wurde. Was können wir ihm raten? Werfen Sie nicht die Flinte ins Korn, sondern eher die Zigarette ins Feuer! Steigen Sie neu ein, um jetzt wenigstens die verbleibende Zeit bis Ostern mit uns zu verzichten. Nur nicht resignieren!

Etwas anderes ist es natürlich, wenn Menschen ihren Vorsatz aus gesundheitlichen Gründen nicht durchhalten dürfen. Ich denke an einen Teilnehmer, der im Krankenhaus liegt, und vor allem an eine Frau, die weniger essen wollte, aber aus schwerwiegenden Gründen alle Kräfte zusammenhalten musste. Diese Frau hat unsere herzlichsten Segenswünsche und die Versicherung, dass bei »... sieben Wochen ohne« ja nicht die Kirche irgendein Gesetz aufstellt, das dann bei Strafe eingehalten werden muss. Vielmehr haben wir uns selbst um unserer Freiheit willen etwas vorgenommen, was wir vor uns selbst (oder vor unserem an Gott gebundenen Gewissen) verantworten, und das ist mehr als der Buchstabe jedes verpflichtenden Gesetzes. Wie aber sagte Jesus: »Der Sabbat ist für den Menschen da, und nicht der Mensch für den Sabbat.« Übertragen auf unsere Situation hieße das: »Das Fasten ist für unsere Freiheit und Gesundheit da, und nicht unsere Freiheit und Gesundheit für das Fasten.«

Alles erlaubt

Alles ist mir erlaubt,
aber nicht alles dient zum Guten.
Alles ist mir erlaubt,
aber nichts soll mich gefangen nehmen.

Die Bibel, 1. Korinther 6,12

FREMDE

Fremde sind Leute, die später gekommen sind als wir: in
unser Haus, in unseren Betrieb, in unsere Straße, unsere
Stadt, unser Land. Die Fremden sind frech: Die einen wollen so leben wie wir, die anderen wollen nicht so leben
wie wir. Beides ist natürlich widerlich.
Alle erheben dabei Anspruch auf Arbeit, auf Wohnung und
so weiter, als wären sie normale Einheimische. Manche
wollen unsere Töchter heiraten, und manche wollen sie
sogar nicht heiraten, was noch schlimmer ist. Fremdsein
ist ein Verbrechen, das man nie wiedergutmachen kann.
Seit die Leibeigenschaft aufgehoben ist, gibt es überall
viele Fremde. In den großen Städten sind sie schlecht zu
erkennen, weil sie sich als normale Menschen zu tarnen
verstehen. Darum wäre es nötig, alle Menschen zu ver-
pflichten, je nach ihrer Herkunft eine Tracht zu tragen.
Jedes Land sollte einen bestimmten Hut haben, jede Stadt
eine Sorte Hosen, jede Straße ihre Halsbinde, jedes Haus
Knöpfe mit Hausnummern, jeder Betrieb Abzeichen.
So sähe man gleich auf den ersten Blick, wen man zum
Kaffee einlädt, wem man einen niedrigeren Lohn zahlen
und von wem man eine höhere Miete verlangen kann.

Gabriel Laub

Vaters Gott

Mein Vater hat für seinen Gott ein Häuschen gebaut, eine kleine Kapelle sozusagen, mit allem, was dazugehört, Licht, Heizung, Automatiktür. In tiefster Andachthaltung poliert er seinen Gott. Er geht ganz nahe an ihn heran, haucht ihn an, ja, küsst ihn sozusagen. Wischt dann die Spuren seiner Zärtlichkeit gleich wieder mit einem Tuch aus feinster Wolle weg, so als wolle er sagen: »Herr, ich bin deiner nicht würdig.« Auf der Stirn trägt sein Gott einen Stern. Wenn mein Vater diesen Stern wieder zum Funkeln bringt, hört man ihn im Geiste sagen: »Geheiligt werde dein Name.« Und stark ist er, der Gott meines Vaters, ganze 260 PS entwickelt sein dynamisches Inneres. Das verleiht auch meinem Vater Gefühle der Allmacht. Von Zeit zu Zeit ist mein Vater sehr besorgt um seinen Gott. Dann gibt es eine Krise mit dem täglichen Super. Wir hören ihn dann leise, jedoch mit voller Inbrunst beten: »O Pek, O Pek, O Pek.« Ich habe gehört, das sei irgendein arabischer Gott. Obwohl Götter wie derjenige meines Vaters auf den ersten Blick sehr modern erscheinen, in einem Punkt zumindest sind sie den primitiven ähnlich: sie verlangen Menschenopfer. Über 8000 sollen es im vergangenen Jahr gewesen sein. Über das finianzielle Opfer, das der Gott vom Vater abverlangt, schweigt dieser sich aus. Die monatliche Kollekte muss jedoch beträchtlich sein. Aber dem, der liebt, ist nichts zuviel. Ob andere auch solche Götter haben?

Wunsch

Ich wünsche dir,
dass du,
wie der Mensch sich entwickelt hat,
dich selbst entwickelst
und zu einem aufrechten Menschen
mit viel Rückgrat wirst.

Ein Mann will ein Bild aufhängen

Den Nagel hat er, nicht aber den Hammer. Der Nachbar hat einen. Also beschließt unser Mann, hinüberzugehen und ihn auszuborgen.

Doch da kommt ihm ein Zweifel: Was, wenn der Nachbar den Hammer mir nicht leihen will? Gestern schon grüßte er mich nur so flüchtig. Vielleicht war er in Eile. Aber vielleicht war die Eile nur vorgeschützt, und er hat etwas gegen mich. Und was? Ich habe ihm nichts getan; der bildet sich da etwas ein.

Wenn jemand von mir ein Werkzeug borgen wollte, ich gäbe es ihm sofort. Und warum er nicht? Wie kann man einem Mitmenschen einen so einfachen Gefallen abschlagen? Leute wie dieser Kerl vergiften einem das Leben. Und dann bildet er sich noch ein, ich sei auf ihn angewiesen. Bloß weil er einen Hammer hat. Jetzt reicht's mir wirklich.

Und so stürmt er hinüber, läutet, der Nachbar öffnet, doch noch bevor er »Guten Tag« sagen kann, schreit ihn unser Mann an: »Behalten Sie ihren Hammer, Sie Rüpel!«

Paul Watzlawick

Etwas Wichtiges

Aus Briefen von Fastenden

Leider habe ich mein Ziel nicht erreicht, aber trotzdem gebe ich die Hoffnung nicht auf, es doch einmal zu schaffen.

Was den Verzicht auf Alkohol angeht, so ist das für mich kein echter Verzicht. Schlimm ist jedoch das Spießrutenlaufen zwischen den Sticheleien und abfälligen Bemerkungen anderer. Wie schwer können wir es doch denen machen, die vom Alkohol abhängig waren und nun gerade trocken sind.

Am Beginn der sieben Wochen hatte ich mir vorgenommen, auf Süßigkeiten zu verzichten. Dies habe ich leider nur wenige Tage durchgehalten. (...) Es war und ist für mich eine Zeit des Nachdenkens. Ich versuche, jeden Moment meines Lebens bewusster wahrzunehmen und nicht durch das Leben zu hasten.

Wachsendes Vertrauen

Gott   *der dich wahrnimmt,*

lasse zu deiner Erfahrung werden,

was er dir zugesagt hat:

Bei dir zu sein

in Angst und Unsicherheit,

zu dir zu stehen

in Ausweglosigkeit und Verlassenheit,

dich zu trösten,

wenn du bekümmert bist,

deine Bedürftigkeit

zu Herzen zu nehmen,

was immer auf dir lastet.

Er   *schenke dir,*

was du dir selbst

nicht geben kannst:

Wachsendes Vertrauen

mitten in den Widersprüchen

dieses Lebens.

Antje-Sabine Naegeli

4. WOCHE

Nur wer sich ändert, bleibt sich treu. Es müssen gar nicht immer die größten Dinge sein. Besser kleine Vorsätze durchhalten als an zu Großen enttäuscht zu scheitern.

SICH VERÄNDERN

Tun Sie in diesen sieben Wochen mal etwas, das andere überhaupt nicht von Ihnen erwarten (Und Sie selbst von sich auch nicht.):

Einen Brief an jemanden schreiben, mit dem Sie im Streit liegen.

Ein Bild malen, auch wenn Sie in Kunst eine Vier hatten.

Abends beten, auch wenn sie sonst wenig religiös sind.

Und denken sie dran: Es muss nicht für ewig sein.

Probieren Sie, für sieben Wochen manche Gewohnheiten zu ändern. Und danach entscheiden Sie, was Sie beibehalten möchten, und was nicht.

Möglichkeiten

Wir brauchen nicht
so fort zu leben,
wie wir gelebt haben.
Macht euch nur von dieser
Anschauung los,
und tausend Möglichkeiten laden uns
zu neuem Leben ein.

Christian Morgenstern

Beten

Fasten heißt mit dem Körper beten.

Dorothee Sölle

Gib frei!

Das aber ist ein Fasten, an dem ich Gefallen
habe: Lass los, die du mit Unrecht gebunden
hast, lass ledig, auf die du das Joch gelegt hast!
Gib frei, die du bedrückst, reiß jedes Joch weg!
Brich dem Hungrigen dein Brot, und die im
Elend ohne Obdach sind, führe ins Haus! Wenn
du einen nackt siehst, so kleide ihn, und entzieh
dich nicht deinem Fleisch und Blut! Dann wird
dein Licht hervorbrechen wie die Morgenröte,
und deine Heilung wird schnell voranschreiten,
und deine Gerechtigkeit wird vor dir hergehen,
und die Herrlichkeit des HERRN wird deinen
Zug beschließen.

Die Bibel, Jesaja 58,6-8

Neben der Quelle

Ein »moderner« Mensch verirrte sich in der Wüste. Die unbarmherzige Sonnenglut hatte ihn ausgedörrt. Da sah er in einiger Entfernung eine Oase. Aha, eine Fata Morgana, dachte er, eine Luftspiegelung, die mich narrt. Denn in Wirklichkeit ist gar nichts da.

Er näherte sich der Oase, aber sie verschwand nicht. Er sah immer deutlicher die Dattelpalmen, das Gras und vor allem die Quelle.

Natürlich eine Hungerfantasie, die mir mein halb wahnsinniges Gehirn vorgaukelt, dachte er. Fantasie hat man bekanntlich in meinem Zustand. Jetzt höre ich sogar das Wasser sprudeln. Eine Gehör-Halluzination. Wie grausam die Natur ist ...

Kurze Zeit später fanden ihn zwei Beduinen tot. »Kannst du so etwas verstehen?«, sagte der eine zum anderen, »die Datteln wachsen ihm beinahe in den Mund. Und dicht neben der Quelle liegt er verhungert und verdurstet. Wie ist das möglich?« Da antwortet der andere: »Er war ein moderner Mensch.«

Nach einer Legende

BESSER LEBEN

Es geht nicht darum, dass wir Armut einüben, wenn wir arm sind.

Es geht darum, dass wir besser leben, indem wir begreifen, dass es Dinge gibt, die sich schwer oder gar nicht wieder herstellen lassen, wenn wir sie einmal ruiniert haben, von den Ölvorräten über unsere Landschaft bis zur Gesundheit der Menschen, mit denen wir zu tun haben.

Es geht darum, dass wir reicher werden, indem wir die Dinge des täglichen Bedarfs aus der Sinnlosigkeit mechanischen Konsumierens und Wegwerfens herausholen und ihnen wieder das Gewicht und den Wert geben, die ihnen zukommen als jenen angenehmen Mittel zum Leben, für die wir dankbar sind und mit denen wir daher so umgehen, dass wir es vor uns selbst und den anderen verantworten können.

Erhard Eppler

Ich sage: Ja!

Was morgen ist,
auch wenn es Sorge ist,
ich sage: Ja!
So wie die Blume still
im Regen abends spricht,
weil sie im neuen Licht,
auch wieder blühen will:
was morgen ist,
auch wenn es Sorge ist,
ich sage: Ja!

Wolfgang Borchert

Geschenke zum Weitergeben

Eben war ich noch ziemlich fertig: mit den Nerven, mit meiner Geduld, mit meiner Hoffnung auf Veränderungen, mit meinem Vertrauen auf mich – und auf dich. Alles stellte ich in Frage. Da klingelt das Telefon: der langersehnte Anruf – endlich …

Erleichtert und glücklich rufe ich meine Mutter an, sie fühlt sich in letzter Zeit nicht sehr wohl.

Vor wenigen Tagen bat mich eine Frau, ihr fünf Mark zu wechseln, sie musste dringend telefonieren. Ich hatte nur zwei Groschen dabei. Sie sagte: Den Rest geben Sie bitte bei Gelegenheit weiter …

Bald darauf stand ich im Bus, Scheine konnte der Fahrer nicht wechseln, mein Kleingeld reichte nicht – um einen Groschen. Der kam dahergereicht von jemanden, der mich beschämte, beim Warten vorher hatte ich ihn misstrauisch beäugt, Alkohol, Großstadt, Anonymität und so …

Seitdem lauere ich auf die Chance zum Weitergeben. Ein junges Mädchen am Fahrkartenautomaten. Erleichtert biete ich ihm das Fehlende an. Es ist verwundert. Gib's weiter, sage ich. Und habe selbst die Tasche voller Münzen noch dabei.

Aus einem Fastenbrief aus Indien

Du fragst mich, ob ich in Indien faste. Ich muss Dir gestehen: Nein – nicht indem ich an einem Tag oder mehrere Tage lang eine oder alle Mahlzeiten auslasse. Andererseits: ich faste täglich. Wie du weißt, lebe ich in einer dorfähnlichen Atmosphäre und teile meine Mahlzeiten mit einer armen Familie. Der Vater ist Wäscher, ein hart arbeitender Mann. Sein Verdienst reicht für das tägliche Brot, aber für wenig mehr. Und was ist ein »tägliches Brot«?

Jeden Mittag ein Teller hochgehäuft mit Reis, dazu eine Linsensoße und ein wenig Currygemüse, das fast nur aus Kartoffeln besteht, denn sie sind am billigsten. In Deutschland geben wir den Kartoffeln nicht einmal die vornehme Bezeichnung »Gemüse«. Abends handgroße Weizenfladen wiederum mit Currygemüse, also Kartoffeln. Am Morgen isst jeder einen Weizenfladen, der vom Abend zurückbehalten wurde – trocken mit schwarzem Tee. Fleisch oder Fisch isst die Familie ein- oder zweimal im Monat, an den Festtagen.

Die immer gleiche Nahrung lehrt mich zu essen, nicht weil es »mir schmeckt«, sondern um den Körper zu erhalten. Mit dem Akt des Essens nehmen wir unser Leben an, heißen es gut, weil Gott es gut eingerichtet hat. Darum mag der Inder im Allgemeinen auch nicht zwischen den Mahlzeiten kleine Imbisse zu sich nehmen, darum liest und diskutiert er beim Essen nicht ...

Martin Kämpchen

Weggehen

Vor allem verliere nie die Lust

am Gehen!

Ich gehe jeden Tag zu meinem

Wohlbefinden und entferne mich so von

meiner Krankheit. Ich habe mir meine

besten Gedanken ergangen,

und kenne keinen noch

so schweren Kummer,

den man nicht weggehen kann.

Sören Kierkegaard

Genug

Die Last des Tages annehmen,
sich geduldig beugen.
Nicht wissen müssen,
ob die Kraft noch ausreicht
für morgen.
Den heutigen Tag bestehen.
Das ist genug.

Die Last des Tages annehmen.
Nicht, weil sie tragbar ist,
nicht, weil du stark genug bist,
nicht, weil kein Fluchtweg offen steht.

Die Last des Tages annehmen,
weil einer da ist,
der zu dir sagt:
»Ich stärke dich.«

Antje-Sabine Naegeli

5. WOCHE

Bedeutet bewusst zu leben nur noch um sich selbst zu kreisen? Wir meinen: Nein. Aber bewusst leben kann bedeuten, die eigene Zeit anders zu gestalten. Vielleicht, indem Sie sich mehr Muße gönnen. Vielleicht, indem Sie Passionsandachten besuchen. Vielleicht, indem Sie anderen mehr Zeit widmen. Es geht nicht darum, alles »richtig« zu machen, sondern darum, sich klar darüber zu werden, welche Prioritäten man setzen möchte:

BEWUSST LEBEN

Wie wollen Sie leben?

Wofür Ihre Lebenszeit nutzen?

Wer bewusst lebt, schaut über sich selbst hinaus. Wie verhalten Sie sich gegenüber Ihren Mitmenschen, Freundinnen, Kollegen, dem Busfahrer und dem Bettler vor Ihrem Bäcker?

Bewusst leben heißt: Achtsam zu sein. Gegenüber sich selbst und seiner Umwelt.

Ach Gott

Aus Briefen von Fastenden

Dienstags ist Seniorenclub in unserer Gemeinde, und ich hatte »Kaffeekochen-Dienst«. Es gab wunderbaren, selbstgebackenen Kuchen zum Kaffee, auf den ich aber leider verzichten musste wegen »Sieben Wochen Ohne Süßes«.

Beim Geschirrabräumen piekste mich plötzlich ein Finger in den Rücken und eine Seniorin fragte mich: »Warum haben Sie denn nichts von dem guten Kuchen gegessen?« »Ich faste auf Süßes«, antwortete ich. »Ach Gott«, sagte die alte Dame kopfschüttelnd, »es hat doch jeder so seine Krankheit ...«

Lebensmittel

Darum sage ich euch:
Sorgt nicht um euer Leben,
was ihr essen und trinken werdet;
auch nicht um euren Leib,
was ihr anziehen werdet.
Ist nicht das Leben mehr als die Nahrung
und der Leib mehr als die Kleidung?

Die Bibel, Matthäus 6,25

Wunschtraum

Aus einem Brief an Fastende

Oder da ist Herr R. Weil für ihn der Verzicht auf Zigaretten und Alkohol kein Problem mehr ist, schreibt er uns: »Aber wie wäre es mit sieben Wochen ohne Stress, Hektik, Aufregung, Ärger, Termindruck, Ehestreit und Nervosität? ... Vielleicht ein Wunschtraum? Ich hoffe nicht; denn ich glaube, dass sieben Wochen mit Christus einem diese erwünschte Ruhe bringen können. Ich möchte versuchen, mir täglich die Zeit zu nehmen, um regelmäßig die Bibel zu lesen und zu beten. Etwas, wozu ich lange Zeit nicht mehr gekommen bin, und am Donnerstag zur Passionsandacht in unserer Gemeinde zu gehen! Es ist gut zu wissen, dass in diesen sieben Wochen viele Mitchristen ein Gleiches tun werden. Es ist gut, dabei ins Gespräch zu kommen – auch schriftlich.«

WENN ICH NUR NOCH EINEN TAG ZU LEBEN HÄTTE...

Obwohl ich gerne lebe, kenne ich auch eine Todessehnsucht in mir. Wenn mir alles viel zu viel wird, dann denke ich: Im Tod werde ich das alles lassen. Da kann ich endlich ausruhen von all den vielen Wünschen, die von allen Seiten auf mich einströmen und mich zerreißen. Aber ich spüre, dass der Gedanke an den letzten Tag nicht aus einer solchen Todessehnsucht heraus kommen darf. Sonst würde ich nur vor den Problemen fliehen, die mir das Leben stellt. Ich möchte wirklich leben, ich möchte mich bis zum letzten Blutstropfen einlassen auf das Leben. Ich möchte mich hingeben an das Leben, mich hingeben für die Menschen. Es würde mich freuen, wenn denen, die an mich denken, die Worte Jesu einfallen: »Es gibt keine größere Liebe, als wenn einer sein Leben für seine Freunde hingibt« (Joh 15,13).
Das soll der Geschmack sein, den mein Leben und Sterben verbreitet, das soll die Spur sein, die ich hinterlasse.

Anselm Grün

5. WOCHE

Zeit gewinnen

Ich verschlinge mein Essen,

überfliege meine Arbeit,

kann nur wenige Minuten bleiben

und nur einen Augenblick zuhören;

ich eile zur nächsten Besprechung,

fordere Knappheit und Kürze,

verabschiede mich schnell,

eile nach Hause,

erledige einige Telefonate,

plane, während ich zuhöre

und verliere mich selbst.

Was mache ich nun

mit der gewonnenen Zeit?

Max Feigenwinter

Schrei auf

Rühme mich, sagt Gott, dann weiß ich,
daß du mich lieb hast.
Schmähe mich, sagt Gott, dann weiß ich,
daß du mich lieb hast.
Preise oder schelte mich, und ich werde wissen,
daß's mir deine Liebe gilt.
Sing mein Lob, sagt Gott, oder ball' deine Faust und
schrei auf, sagt Gott, auch der Fluch ist eine Art von
Segen, so spricht der Herr.
Aber wenn du abseits sitzt in Apathie, wenn du gleich-
gültig an der Welt vorbeilebst, so sagt Gott, wenn du die
Sterne angähnst und Leiden siehst mit Achselzucken,
wenn du weder lobst noch aufbegehrst, dann habe ich
dich vergeblich erschaffen.
So spricht Gott, der Herr, der Schöpfer von Himmel und
Erde.

(Dieser Text war mit Bleistift auf die Rückseite eines altes
Kuverts geschrieben worden, das nach Kriegsende im War-
schauer Ghetto gefunden wurde.)

Die drei Siebe

Aufgeregt kam jemand zu Sokrates gelaufen. »Höre, Sokrates, das muss ich dir erzählen, wie dein Freund ...« »«Halt ein!«, unterbrach ihn der Weise, »hast du das, was du mir sagen willst, durch die drei Siebe geschüttelt?« »Drei Siebe?«, fragte der andere voll Verwunderung. »Ja, mein Freund, drei Siebe! Lass sehen, ob das, was du mir erzählen willst, durch die drei Siebe hindurchgeht. Das erste Sieb ist die Wahrheit. Hast du alles, was du mir erzählen willst, geprüft, ob es wahr ist?« »Nein, ich hörte es erzählen, und ...« »So, so. Aber sicher hast du es mit dem zweiten Sieb geprüft, es ist das Sieb der Güte. Ist das, was du mir erzählen willst, wenn schon nicht als wahr erwiesen, wenigstens gut?« Zögernd sagte der andere: »Nein, das nicht, im Gegenteil ...« »Dann«, unterbrach ihn der Weise, »lass uns auch das dritte Sieb noch anwenden und lass uns fragen, ob es notwendig ist, mir das zu erzählen, was dich so erregt.« »Notwendig nun gerade nicht ...« »Also«, lächelte Sokrates, »wenn das, was du mir erzählen willst, weder wahr noch gut noch notwendig ist, so lass es begraben sein und belaste dich und mich nicht damit!«

Legende

Zum 8. Gebot

Wir sollen Gott fürchten

und lieben,

dass wir unsern Nächsten nicht

fälschlich belügen,

verraten, afterreden oder bösen

Leumund machen,

sondern sollen ihn

entschuldigen,

Gutes von ihm reden und alles

zum besten kehren.

Martin Luther

Deine Kinder

Deine Kinder sind nicht deine Kinder.

Sie sind Söhne und Töchter der Sehnsucht

des Lebens nach sich selbst.

Sie kommen durch dich,

aber nicht von dir,

und obwohl sie bei dir sind,

gehören sie nicht dir.

Du kannst ihnen deine Liebe geben,

aber nicht deine Gedanken.

Du kannst ihrem Körper ein Heim geben,

aber nicht ihrer Seele,

denn ihre Seele wohnt im Haus von morgen,

das du nicht besuchen kannst,

nicht einmal in deinen Träumen.

Du kannst versuchen, ihnen gleich zu sein,

aber versuche nicht,

sie dir gleich zu machen.

Denn das Leben geht nicht rückwärts

und verweilt nicht beim Gestern.

Khalil Gibran

Merkwürdig verwandelt

Zu Mark Twain kam einmal ein Siebzehnjähriger und erklärte: »Ich verstehe mich mit meinem Vater nicht mehr. Jeden Tag Streit. Er ist so rückständig, hat keinen Sinn für moderne Ideen. Was soll ich machen? Ich laufe aus dem Haus!«

Mark Twain antwortete: »Junger Freund, ich kann Sie gut verstehen. Als ich 17 Jahre alt war, war mein Vater genauso ungebildet. Es war kein Aushalten. Aber haben Sie Geduld mit so alten Leuten. Sie entwickeln sich langsamer. Nach zehn Jahren, als ich 27 war, hatte er so viel dazugelernt, dass man sich schon ganz vernünftig mit ihm unterhalten konnte. Und was soll ich Ihnen sagen? Heute, wo ich 37 bin – ob Sie es glauben oder nicht –, wenn ich keinen Rat weiß, dann frage ich meinen alten Vater. So können die sich ändern!«

Lachsbrot

Ein reicher Mann dachte auch im Sterben nur an das, woran er sein Leben lang gedacht hatte: an sein Geld. Mit letzter Kraft löste er den Schlüssel vom Band, das er um den Hals trug, winkte der Magd, deutete auf die Truhe neben seinem Lager und befahl ihr, ihm den großen Beutel Geld in seinen Sarg zu legen.

Im Himmel angekommen sah er einen langen Tisch, auf dem die feinsten Sachen standen. »Sag, was kostet das Lachsbrot?«, fragte er. »Eine Kopeke«, wurde ihm geantwortet. »Und die Sardine?« – »Gleich viel«. – »Und die Pastete?« »Alles eine Kopeke.« Er schmunzelte. Billig, dachte er, herrlich billig! Und er wählte sich eine ganze Platte voll aus.

Aber als er mit einem Goldstück bezahlen wollte, nahm der Verkäufer die Münze nicht an. »Alter«, sagte er und schüttelte den Kopf, »was hast du nur im Leben gelernt!« »Was soll das?«, murrte der Alte. »Ist mein Geld nicht gut genug?« Da hörte er die Antwort: »Wir nehmen hier nur das Geld, das einer verschenkt hat.«

Nach einer russischen Legende

6.WOCHE

Aufstehen, den Tag beginnen. Und aufstehen, sich einmischen. Einen Tag lang alles Gute weitergeben, das

SICH EINMISCHEN einem begegnet. Einen Tag lang etwas gegen alles Ungerechte sagen, das man sieht. Das könnte ein Vorsatz für die zweite Hälfte der Fastenzeit sein. Gucken Sie nicht weg, geben Sie ein Lächeln zurück, ergreifen Sie für jemanden anders Partei, sagen Sie Ihre Meinung, wo es angebracht ist, sagen Sie Nein. Wahrscheinlich können Sie nicht die Welt verbessern. Aber anfangen, und sei es mit einem freundlichen Morgengruß, können wir alle.

Gebet für Mitgefangene

Gott, zu Dir rufe ich am frühen Morgen,

hilf mir beten

und meine Gedanken sammeln,

ich kann es nicht allein.

In mir ist es finster, aber bei Dir ist Licht.

Ich bin einsam, aber Du verläßt mich nicht.

Ich bin kleinmütig, aber bei Dir ist die Hilfe.

Ich bin unruhig, aber bei Dir ist der Frieden.

In mir ist Bitterkeit, aber bei Dir ist die Geduld.

Ich verstehe Deine Wege nicht,

aber Du weißt den rechten Weg für mich.

Dietrich Bonhoeffer

KOMM RAN, TAG

Denk mal kurz zurück, wie du heute den Tag begonnen hast. Hektisch, unwirsch? Oder mehr bewusstlos mechanisch? War dir deine erste Stunde nur Fitmachen zum Absprung? Dann mach's morgen mal anders. Lass dich beschenken mit dem Wunder, dass du neu anfangen darfst. Eben lagst du noch und schliefst, als wär's für immer. Du warst eingehüllt und weggetragen aus Raum und Zeit. Jetzt tauchst du wieder auf. Du ziehst wieder ein in die Welt, dein Zimmer, die Schränke, die Bilder sind wieder da. Geräusche wecken dir das Ohr. Vergewisser dich erst mal deines Körpers, streck dich. Du fühlst dich gut? Unwillkürlich sagt's in dir: »Gott sei dank.« Dann atme merklich. Nimm's als Bild für Austausch, fürs Leben überhaupt. Nehmen und Geben. Darin werden wir. In Annehmen, Verwandeln, Abgeben, im Begreifen und Loslassen werden wir.
Und dann streck deine Arme aus und sag: Komm ran, lieber Tag, stell' mich auf die Füße. Ich will dich annehmen. Nimm du mich auch an. Phantasier: Der Tag ein Angebot, ein Angebot für dich. Und du ein Gewinn für den Tag. Abends willst du dankbar zurückblicken auf so was wie Ernte.
So vorbereitet kannst du in den Tag treten, als gingest du zu einem Fest. Gleich siehst du in den Spiegel. Sag: Gut, dass du da bist.

Traugott Giesen

Das Lächeln

Pummerer, in morgendlich heiterer Ruh',

lächelt seinem Nachbarn Mommer zu.

Dieser, durch das Lächeln ebenfalls heiter,

gibts an den Omnibusfahrer weiter,

der an die Zeitungsverkäuferin, und die

an Dr. Müller-Zinn, Facharzt für Psychiatrie,

dieser an Schwester Elke vom Kinderhort,

diese an die Toilettenfrau – und so fort.

So kommt es schließlich irgendwann

abends gegen sechs Uhr am Schillerplatz an

bei einem im Augenblick traurig-tristen,

durch das Lächeln doch erheiterten Polizisten,

so dass er, als Pummerer den

Verkehr blockiert,

den Verstoß nur mit einem Lächeln quittiert.

Otto Heinrich Kühner

Morgen

Unsere Generation wird nicht so sehr die Untaten böser Menschen zu beklagen haben als vielmehr das erschreckende Schweigen der Guten.

Martin Luther King

Die Wagemutigen von heute bereiten die normalen Handlungen von morgen vor.

Helder Camara

SPÄTER

Wenn man eine Notration Bibel einpacken müsste und hätte nur Platz für fünf Verse, dieser müsste dabei sein: »Lehre uns bedenken, dass wir sterben müssen, auf dass wir klug werden.« (Ps 90,12)

Nicht demütig, nicht fromm, nicht Mönch noch Nonne, sondern klug, schlicht klug. Für viele ist das ein zu hoher Preis. Wer mag schon gern ständig an den Tod denken, zumal an den eigenen. Lieber nur an das Diesseits denken, auf ein fröhliches Jenseits hoffen und den Weg dahin vergessen.

Aber der Blick auf das eigene Ende öffnet Perspektiven, weitet das Leben. »Später« sagen wir oft, wenn wir träumen. »Später« sagen wir unseren Kindern, wenn sie Zeit von uns haben wollen. Wenn wir uns und andere auf »Später« vertrösten, ist das kein Trost – weder für andere noch für uns selbst.

Die Zeit rinnt uns davon, wir sind Zeitdiebe und Bestohlene zugleich, weil wir in unserer Zeit etwas Endloses sehen. Der Psalmbeter ist aber Realist. Nur wer seine Tage zählt, weiß, was »Jetzt« bedeutet, kann sich einordnen, kann die Kräfte seines Lebens einteilen, für sich und andere da sein, nur der wird ein weises Herz erlangen.

Dazu müssen wir nicht ständig an den Tod denken – vielleicht nur einmal am Tag.

Volker Dettmar

Friede

Ich kann nicht Frieden machen auf der

ganzen Welt.

Aber ich kann dafür sorgen,

dass in mir selber Friede ist.

Und ihn weitergeben an meine Kinder,

an meine Eltern, an die Menschen,

mit denen ich arbeite, an die,

welche ich treffe –

zufällig oder nicht zufällig.

Das ist meine Möglichkeit, Frieden auf

dieser Welt zu machen.

Nicht mehr und nicht weniger.

Clemens Kunze

Nur einmal

Ich erwarte,

dass ich nur einmal

durch diese Welt gehe.

Deshalb will ich alles Gute,

das ich tun kann,

jetzt tun, und jede Freundlichkeit,

die ich einem Menschen

erweisen kann,

jetzt erweisen.

Ich will es nicht verschieben

und nicht übersehen, denn ich werde

den gleichen Weg

nicht zurückkommen.

Stephen Grellet

Das Mädchen in der Straßenbahn

Ich erinnere mich, dass ich im Herbst 1943, gerade vierzehn Jahre alt geworden, in der Kölner Straßenbahn ein Mädchen mit großen schwarzen Augen anstarrte. Sie hatte einen dicken, braunen Zopf und stand in meiner Nähe auf der hinteren Plattform. Sie erschien mir wunderbar, geheimnisvoll und traurig, und ich überlegte verzweifelt, wie ich – die kleine dünne Blonde mit dem Bubikopf – sie ansprechen könnte. Unsere Blicke trafen sich, und ich bildete mir ein, ein winziges Lächeln über ihr Gesicht huschen zu sehen. Dann stiegen am vorderen Eingang Soldaten – oder waren es Polizisten? – ein, mein Mädchen schaute sich wieder und wieder um und verließ, einem plötzlichen Entschluss folgend, die Tram. Beim Aussteigen verschob sich die Tasche, die sie an die Brust gedrückt hielt. Ich sah einen gelben Fleck und das Wort »Jude« in schwarz darauf geschrieben. Ich wollte aussteigen, ihr nachlaufen, aber die Bahn fuhr schon wieder und der Novemberregen klatschte an die Scheiben.

Bei dieser Gelegenheit lernte ich ein Stück meiner eigenen Feigheit kennen, im erotischen und im politischen Sinn, und ich erinnere mich, dass ich damals in der Linie elf, die durch das Severinsviertel fuhr, mit Entsetzen notierte, was in mir war. Wer bin ich denn, wenn ich nicht einmal aus der Bahn steigen und einem unbekannten Menschen, der mein Herz bewegt, nachlaufen kann?

Dorothee Sölle

Und doch

Die Blume ist überflüssig –

was bedeutet sie

für den Produktionsprozess der Welt?

Das Spiel ist überflüssig –

was bedeutet es

für den Produktionsprozess der Welt?

Die Botschaft von Gott ist überflüssig –

was bedeutet sie

für den Produktionsprozess der Welt?

Und doch:

Ohne dieses Überflüssige kann

der Mensch nicht leben.

Paul Jakobi

BEWEISE

»Angenommen, du würdest verhaftet, weil du ein Christ bist – gäbe es genügend Beweise, dich zu überführen?«

Auffälliges Merkmal des heutigen Christen ist nach Auffassung des Allensbacher Instituts eine ausgeprägte Bekenntnisscheu. Gerade engagierte Christen äußerten ihre Überzeugung nur im Kreis Gleichgesinnter. Dennoch seien die Erwartungen an die Kirchen hoch. So solle sie sich unter anderem darum kümmern, dass die Menschen in der anonymen Massengesellschaft nicht vereinsamen, und ihnen die Angst vor dem Tode nehmen.

Kurz

Fassen wir uns kurz.
Die Welt ist überbevölkert von Wörtern.

Stanislaw Jerzy Lec

7.WOCHE

Die letzte Woche vor Ostern – eine Woche voller Gegensätze: Jesu Einzug in Jerusalem: Feier und Freude. Das letzte Abendmahl: Gemeinschaft.

HOFFEN, GLAUBEN

Die Nacht im Garten Gethsemane: Einsamkeit und Verrat. Die Kreuzigung, der Tod. Die Auferstehung, das Leben. Vielleicht haben Sie diese Erfahrungen in den letzten Wochen ein wenig nachvollzogen, vielleicht haben Sie während Ihres Fastens erlebt, wie nah Versagen und Hoffnung beieinander liegen und können jetzt bewusster in die Osterwoche gehen. Tod und Scheitern hat nicht das letzte Wort. Auch wir hoffen nach sieben Wochen Fasten auf den Neuanfang. Wir wollen versuchen, unsere Erfahrungen mitzunehmen und einzubauen in unser weiteres Leben.

Die Nacht

wird nicht ewig dauern.

Es wird nicht finster bleiben.

Die Tage, von denen wir sagen,

sie gefallen uns nicht, werden nicht

die letzten Tage sein.

Wir schauen durch sie hindurch

vorwärts auf ein Licht,

zu dem wir jetzt schon gehören und

das uns nicht loslassen wird.

Das ist unser Bekenntnis.

Helmut Gollwitzer

Spuren im Sand

Ein Mann hatte nachts einen Traum. Er träumte, dass er mit Gott am Strand spazieren ginge. Am Himmel zogen Szenen aus seinem Leben vorbei. Und für jede Szene aus seinem Leben waren Spuren im Sand zu sehen. Als er auf die Fußspuren im Sand zurückblickte, sah er, dass manchmal zwei Spuren und manchmal nur eine Spur da war. Er bemerkte weiter, dass sich zu Zeiten größter Not und Trauer nur eine Spur zeigte. Deshalb fragte er den Herrn: »Herr, ich habe bemerkt, dass zu den traurigsten Zeiten meines Lebens nur eine Spur zu sehen ist. Du hast aber versprochen, stets bei mir zu sein. Ich verstehe nicht, warum Du mich da, wo ich Dich am nötigsten brauchte, allein gelassen hast.« Da antwortete der Herr: »Mein Freund, ich liebe Dich und würde Dich niemlas verlassen. In den Tagen, in denen Du am meisten gelitten und mich am nötigsten gebraucht hast, da habe ich Dich getragen.«

Margaret Fishback Powers

WAS UNS VERBINDET

Das Abendmahl ist die Feier des Friedens. Die gemeinsame Mahlzeit schließt Freunde und selbst Feinde zusammen. So speiste Jesus mit allen, die ihn brauchten, auch mit Sündern und Gottlosen. Er saß mit seinen Freunden zu Tisch am Abend, ehe er starb, und reichte ihnen Brot und Wein zum Zeichen, dass nichts sie mehr trennt und zwischen Gott und ihnen Frieden herrscht. Durch sein Sterben bekräftigte er, was das Mahl bedeutet hatte. Darum erinnern wir einander an seinen Tod, wenn wir das Mahl feiern, und verbinden uns miteinander und mit ihm. Wir nehmen und geben Brot und Wein, sind gewiss, dass Jesus gegenwärtig ist, überwinden, was uns entzweit, und freuen uns, dass wir Frieden haben mit Gott und den Menschen. Zu dieser Tischgemeinschaft sollen wir alle Menschen einladen, denn sie weist auf das allumfassende Reich des Friedens hin, in dem es keine Feinde und keine Fremden mehr gibt.

Jörg Zink

Der einsame Christus

Wachet und betet
mit mir!
Meine Seele ist
traurig
bis an den Tod.
Wachet und betet mit
mir!
Eure Augen
sind voll
des Schlafes –
könnt ihr nicht
wachen?
Ich gehe,
euch mein Letztes zu
geben –
und ihr schlaft ...
Einsam stehe ich
unter Schlafenden,

einsam vollbringe ich
das Werk
meiner schwersten Stunde.
Wachet und betet
mit mir!
Ihr alle seid in mir,
aber in wem bin ich?
Was wisst ihr
von meiner Liebe!
Was wisst ihr
vom Schmerz
meiner Seele!
O einsam!
einsam!
Ich sterbe für euch –
und ihr schlaft!
Ihr schlaft!

Christian Morgenstern

ich kenne einen

der ließ sich von uns die Suppe versalzen

der ließ sich von uns die Chancen vermasseln

der ließ sich von uns das Handwerk legen

der ließ sich für dumm verkaufen

der ließ sich einen Strick drehen

der ließ sich übers Ohr hauen

der ließ sich von uns kleinkriegen

der ließ sich von uns in die Pfanne hauen

der ließ sich von uns aufs Kreuz legen

der ließ sich von uns Nägel mit Köpfen machen

der ließ sich zeigen was ein Hammer ist

der ließ sich festnageln auf sein Wort

der ließ sich seine Sache was kosten

der ließ sich sehen am dritten Tag

der konnte sich sehen lassen

Lothar Zenetti

Gebet im Krankenzimmer

O Gott,
Nun danke ich dir zunächst einmal
für alles bisherige Glück.
Gesundheit, Kraft und Arbeit
hast du bisher gegeben.
Wohlstand mehr als in Kindertagen.
Geliebt worden bin ich von Menschen.
Versorgt hier im Hause. Danke!

Lass mich nun auch das Leiden
aus Deiner Hand nehmen.
Es wird viel gelitten.
Ich bin nicht der einzige.
Das erkenne ich jetzt sehr wohl.
Lass mich Gemeinschaft haben mit allen Leidenden
und daraus lernen für mein Leben.

Amen

Lothar Rudnik

KARSAMSTAG

Karsamstag einer der stillsten Sonnabende im Jahr.

Ein Tag zwischen Vollendung und Neubeginn, Tod und Auferstehung, Trauer und Jubel.

Ein Tag zum Innehalten und Sich-Besinnen, auch für die Teilnehmer unserer Aktion:

Bis heute haben wir versucht, gefährdende Gewohnheiten einzudämmen.

Sechseinhalb Wochen haben wir uns um verantwortete Freiheit bemüht.

Eine Passionszeit lang sind wir dem tieferen Sinn von Jesu Leidensweg nachgegangen.

Wo wir mit unseren Vorsätzen gescheitert sind, gilt uns dennoch Verheißung des Glaubens.

Wo wir erfolgreich waren, stellen sich weiterführende Fragen ein:

Was fangen wir mit dem an, was wir über uns gelernt haben?

Wie setzen wir die Erfahrung dieser Wochen in Zukunft?

Wo erwachsen uns Kräfte für den gefährdeten Nächsten?

Es wäre schade, wenn die sechseinhalb Wochen nur eine Episode wären,

die heute ihr sang- und klangloses Ende nimmt.

Es wäre schön, wenn wir uns zu Ostern neue Hoffnungen, Chancen, Erfüllungen und Aufgaben schenken ließen.

Ein Hoffnungslied

Als die Menschen anfingen, diese Erde zu lieben
wie eine Mutter, da geschah es,
dass sie Familiensinn entwickelten,
sich selbst neu begriffen, als Teil dieser Schöpfung:

Da wurde wichtig, was selbstverständlich schien.
Da wurde kostbar, was zuvor verschleudert.
Da wurde entdeckt, was immer vorhanden:
Der Duft des Windes, die Klarheit des Wassers,
das Glitzern der Tannennadel,
das Summen der Insekten, die Wärme der Erde.

Als die Menschen anfingen, diese Erde zu lieben,
da wurde ihnen Aufschub gewährt.
Der letzte Tag der Schöpfung
konnte abgesagt werden.
Die Schöpfung ist noch nicht am Ende,
weil der Mensch noch nicht am Ende ist.

Der Duft des Windes wird frei sein von
Schwefel und Blei.
Aus dem Wasser wird neues Leben kommen,
die Wüste wird zum Paradies, der neue Garten Eden.
Spürst du den Duft des Windes?
Er ist süß – die Wiesenblumen blühen.

Peter Musall

Entwurf für ein Osterlied

Die Erde ist schön, und es lebt sich

leicht im Tal der Hoffnung.

Gebete werden erhört, Gott wohnt

nah hinterm Zaun.

Die Zeitung weiß keine Zeile vom

Turmbau. Das Messer

findet den Mörder nicht.

Er lacht mit Abel.

Das Gras ist unverwelklicher

grün als der Lorbeer.

Im Rohr der Rakete

nisten Tauben.

Nicht irr surrt die Fliege an

tödlicher Scheibe. Alle

Wege sind offen. Im Atlas

fehlen die Grenzen.

Das Wort ist verstehbar. Wer

Ja sagt, meint Ja und

Ich liebe bedeutet: jetzt und

für ewig.

Der Zorn brennt langsam. Die

Hand des Armen ist nie ohne

Brot. Geschosse werden im Flug

gestoppt.

Der Engel steht abends am Tor. Er

hat gebräuchliche Namen und

sagt, wenn ich sterbe:

Steh auf.

Rudolf Otto Wiemer

Was bleibt

Meine erste Fastenaktion ist mit dem Osterfest nicht zu Ende. Was durch Eure Mithilfe in Gang gesetzt wurde, versuche ich auch weiterhin aufrecht zu erhalten. Und wenn ich das letzte Blatt Eures Kalenders umgeschlagen habe, werde ich mit Sicherheit nicht sofort eine Bierflasche öffnen, eine Stones-Platte auflegen, und Zigarillos rauchend mit meiner Frau streiten und meinen Sohn anschreien.

Ostern steht vor der Tür, meine Fastenzeit neigt sich dem Ende zu. Gott sei Dank! Es war manchmal schwer, andere Leute ein frisch gezapftes Bier beim Essen trinken zu sehen. Manchmal dachte ich, ich schaffe es nicht, aber dann ging es doch wieder weiter.

Hatte ich mir sonst häufig den Abend in einer rosa Wolke verschleiert und Probleme nicht so an mich herangelassen, so sah ich manches nüchterner als zuvor. Das war zwar unbequemer, aber ehrlicher. Und es zwang mich für mich und meine Partnerschaft mehr zu tun. Allmählich fühlte ich auch stärker, dass ich lebe: die Tagesanfänge wurden frischer, die Luft roch intensiver, ich nahm wieder ab, ...

Ich freue mich auf Ostern, auf die Blüten und Farben, das Frühstück, die Choräle, ich freue mich auf mein Bier am Abend mehr als sonst! Jedoch habe ich mir vorgenommen, meine Trinkgewohnheiten nach Ostern nicht mehr dort aufzunehmen, wo ich vor Aschermittwoch aufgehört hatte.

Auferstehung

Manchmal stehen wir auf,

Stehen wir zur Auferstehung auf

Mitten am Tage

Mit unserem lebendigen Haar

Mit unserer atmendenden Haut.

Nur das Gewohnte ist um uns

Keine Fata Morgana von Palmen

Mit weidenden Löwen

Und sanften Wölfen.

Die Weckuhren hören nicht auf zu ticken

Ihre Leuchtzeiger löschen nicht aus.

Und dennoch leicht,

Und dennoch verwundbar

Geordnet in geheimnisvolle Ordnung,

vorweggenommen in ein Haus aus Licht.

Marie Luise Kaschnitz

ZUM AUSKLANG

Unser Weg durch die Passionszeit ist zu Ende. Sieben Wochen freiwilligen Verzichts liegen hinter vielen von Ihnen.
Sie haben eigene Erfahrungen gemacht und die Chance zu persönlichen Konsequenzen gewonnen.
Ostern ist ein Fest der Freude, doch was kommt danach?
Üben wir uns wieder in alte Gewohnheiten ein oder wollen wir neue Wege gehen?
Es gibt viel zu entdecken, die Luft ist voller Verheißungen!
Wir verabschieden uns von Ihnen und wünschen Ihnen Gottes Segen!

Verein »Andere Zeiten e.V.«

QUELLENVERZEICHNIS

Seiten 20/48/77: Dorothee Sölle, »Von der Fülle des Lebens«/ »Beten«/»Das Mädchen aus der Straßenbahn«. © Mit freundlicher Genehmigung der Autorin.

Seiten 30f./86: Lothar Zenetti, »Die wunderbare Zeitvermehrung«/»Ich kenne einen«. Aus: ders., Auf Seiner Spur. Topos plus 327. © Matthias-Grünewald-Verlag, Mainz, 3. Auflage 2002.

Seite 36/70: Dietrich Bonhoeffer, »Geheimnis«/»Gebet für Mitgefangene«. Aus: ders., Widerstand und Ergebung (GTB 457). © Gütersloher Verlagshaus GmbH, Gütersloh 2002. (Originalschreibweise)

Seite 44: Paul Watzlawick, »Ein Mann will ein Bild aufhängen«. Aus: ders., Anleitung zum Unglücklichsein. © Piper Verlag GmbH, München 1983.

Seite 61: Anselm Grün, »Wenn ich nur noch einen Tag zu leben hätte«. © Kreuz Verlag, Stuttgart 1999, S. 29.

Seite 62: Max Feigenwinter, »Zeit gewinnen«. Aus: ders., Lass dir Zeit! Eine Einladung zum Verweilen. © Verlag am Eschbach, Eschbach/Markgräflerland, 4. neugestaltete Auflage 2003.

Seite 71: Traugott Giesen, »Komm ran, Tag«. © Mit freundlicher Genehmigung des Autors.

Seite 83: Margaret Fishback Powers, »Spuren im Sand«. Aus: dies., Spuren im Sand. Originalfassung des Gedichts Footprints. © 1964 Margaret Fishback Powers; deutsche Fassung des Gedichts Spuren im Sand. © 1996 Brunnen Verlag, Gießen.

Seite 84: Jörg Zink, »Was uns verbindet«. Aus: ders., Was Christen glauben (GTB 1299). © Gütersloher Verlagshaus GmbH, Gütersloh 1999.

Seite 90f.: Rudolf Otto Wiemer, »Entwurf für ein Osterlied«. © J.F. Steinkopf Verlag GmbH, Kiel.